AF494538

ANTIQUITÉS
D'ORIENT

Beaux Verres Romains Irisés
OBJETS ANTIQUES DE SYRIE, GRÈCE & ÉGYPTE

BELLES FAÏENCES DE FOUILLES
DE SYRIE ET DE PERSE

PLATS & CARREAUX DE RHODES & DE DAMAS
Images Byzantines Grecques

MINIATURES, MANUSCRITS ENLUMINÉS, LAQUES
Vases, Plats, Assiettes et Potiches de Perse
BRODERIES, SOIERIES ET VELOURS DE PERSE

BEAUX TAPIS DE PERSE
ET D'ORIENT

DONT LA **VENTE** AURA LIEU

HOTEL DROUOT - SALLE N° 11
Les Mercredi 4 et le Jeudi 5 Mars 1914
à 2 heures précises

COMMISSAIRE-PRISEUR :	EXPERT-ANTIQUAIRE :
Me G. FRANÇOIS	**M. E. D. PIGNATELLIS**
23, Rue Le Peletier, 23	*10, Rue de Montpensier, 10*

CHEZ LESQUELS SE DISTRIBUE LE CATALOGUE

EXPOSITION PUBLIQUE
A L'HOTEL DROUOT, le Mardi 3 Mars 1914, de 2 h. à 6 h.

NOTA. — Les **TAPIS** et **SOIERIES** seront vendus le Jeudi 5 Mars à 4 h. 45

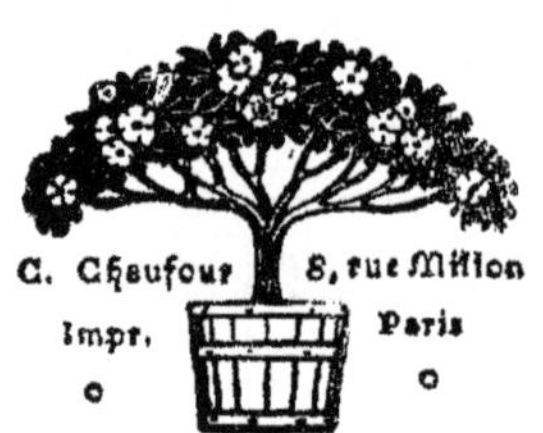
C. Chaufour
8, rue Milton
Impr.
Paris

CONDITIONS DE LA VENTE

La vente sera faite expressément *au comptant*.

Les acquéreurs paieront **dix pour cent en sus** *des prix d'adiudication.*

L'exposition publique mettant les acquéreurs à même de se rendre compte de l'état et de la nature des objets mis en vente, il ne sera admis *aucune réclamation* une fois l'adjudication prononcée.

L'Expert se réserve le droit de grouper ou de diviser les lots.

M. E. D. Pignatellis se charge aux conditions habituelles (5 o/o sur le chiffre des adjudications) des commissions qu'on voudra bien lui confier.

L'ordre des vacations sera suivi.

ORDRE DES VACATIONS

Mercredi 4 Mars 1914

	Nos
Verres romains irisés et colliers de Syrie.	1 à 104
Antiquités de Grèce, Egypte et Syrie....	105 à 153
Plats et Carreaux de Rhodes et de Damas	154 à 159
Faïences de fouilles de Syrie, **3 h. 15**..	160 à 195
Vases émaillés........................	196 à 199
Plats et potiches de Perse..............	340 à 356
Objets variés.........................	429 à 434

Jeudi 5 Mars 1914

Faïences de fouilles de Perse............	200 à 292
Images byzantines, grecques...........	329 à 339
Miniatures, manuscrits, laques, coffrets.	293 à 324
Bronzes de Perse......................	325 à 328
Vases, assiettes et potiches de Perse.....	357 à 365
Tapis, à 4 h. 45....	366 à 417
Soieries, broderies, velours.............	418 à 428

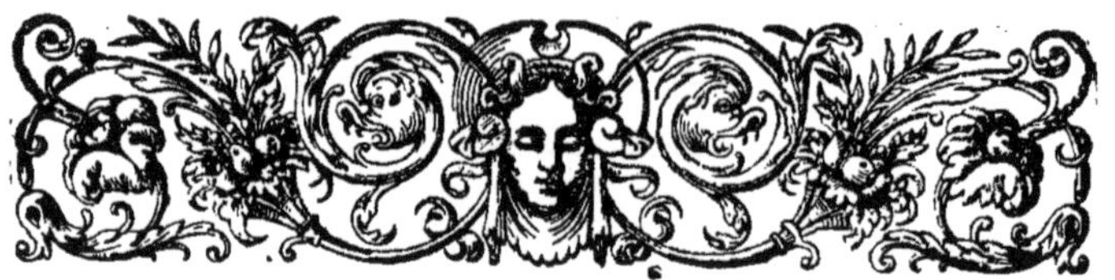

DÉSIGNATION

VERRES IRISÉS ET COLLIERS
PROVENANT DE FOUILLES DE SYRIE

1 — Petite *bouteille* piriforme. Irisation multicolore.

Haut. : 0m11.

2 — Grande *bouteille* piriforme, goulot long. Belle irisation argentée.

Haut. : 0m16.

3 — *Bouteille* pomiforme, goulot bien évasé et cannelures verticales sur la panse; irisation argentée.

Haut. : 0m11.

4 — *Œnochoé* pomiforme à anse, cannelures circulaires sur la panse. Belle irisation argentée.

Haut. : 0m09.

5 — Beau petit *lécythe* à anse, moulé, revêtu d'un réseau de losanges qui ressemblent à un grillage ou aux mailles d'un filet. Verre rouge. Belle pièce de collection.

Haut. : 0m07.

6 — *Flacon* pomiforme, goulot évasé, décor en relief sur la panse. Superbe irisation. Très intéressante pièce.

Haut. : 0m07.

7 — *Flacon* piriforme, goulot évasé, cannelures verticales sur la panse. Belle irisation.

Haut. : 0m08.

8 — Magnifique *bouteille* pomiforme, goulot bien évasé, sur la panse, décor en relief tours de spirale; superbe irisation multicolore. Belle pièce de collection.

Haut. : 0m10.

9 — *Flacon* pomiforme, goulot bas, irisation multicolore.

Haut. : 0m07.

10 — Grande *œnochoé* jaunâtre à anse verte. Irisée.

Haut. : 0m18.

11 — Petite belle *bouteille* verte émeraude. Bien irisée.

Haut. : 0m08.

12 — Trois petits *flacons* irisés.

Haut. : 0m03; 0m05 et 0m06.

13 — Petit *flacon* piriforme, cannelures verticales sur la panse. Irisation argentée.

Haut. : 0m06.

14 — Belle *bouteille* piriforme pâte de verre verte. Dessins circulaires et festonnés en pâte blanche, imite le marbre. Traces d'irisation.

Haut. : 0m11.

15 — *Œnochoé* pomiforme à anse, goulot trilobé. Belle irisation argentée.

Haut. : 0m10.

16 — Belle *bouteille* piriforme, cannelures circulaires sur la panse. Superbe irisation multicolore.

Haut. : 0m11.

17 — *Coupe* côtelée irisée.

Diam. : 0m12.

18 — *Flacon* long et étroit. Bien irisé.

Haut. : 0m11.

19 — Petit *flacon* bas, verre blanc bien irisé.

Haut. : 0m07.

20 — Beau *flacon* fusiforme. Irisation multicolore.

Haut. : 0m11.

21 — Petit *bol* irisé.

Diam. : 0m07.

22 — Petite *aiguière* à anse, goulot orné d'un anneau. Belle forme.

Haut. : 0m08.

23 — *Flacon* pomiforme, cannelures verticales sur la panse. Irisation multicolore.

Haut. : 0m07.

24 — Petit *flacon* bien irisé.

Haut. : 0m08.

25 — *Bracelet* phénicien, pâte de verre polychrome.

26 — *Bouteille* longue, pâte de verre épaisse verte.

Haut. : 0m12.

27 — *Amphorisque*, verre jaunâtre irisé. Belle forme.

Haut. : 0m12.

28 — Grande *bouteille* pomiforme, goulot bien évasé, cannelures verticales sur la panse. Superbe irisation multicolore.

29 — *Flacon* arabe, goulot bas et large, ornements en relief sur la panse.

Haut. : 0m06.

30 — *Flacons-jumeaux* à deux petits anses, cerclés de fils circulaires. Irisation multicolore.

Haut. : 0m11.

31 — *Bracelet* pâte de verre jaunâtre rouge.

32 — Deux *bracelets* phéniciens, pâte de verre jaune et polychrome.

33 — Magnifique *bouteille* piriforme, verre vert épais. Superbement irisée. Belle pièce de collection.

Haut. : 0m17.

34 — *Œnochoé* à anse, verre brun irisé. Belle pièce.

Haut. : 0m15.

35 — Petit *flacon* pomiforme, goulot évasé. Belle irisation multicolore.

Haut. : 0m07.

36 — Beau *flacon* pomiforme, goulot large et évasé. Superbe irisation nacrée argentée.

Haut. : 0m09.

37 — Petite *bouteille* piriforme, goulot long et étroit. Bien irisée.

38 — *Bracelet* verre bleu irisé.

39 — *Flacon* pomiforme, goulot long et évasé, verre grenat.

Haut. : 0m10.

40 — Belle *coupe* creuse côtelée. Belle irisation argentée.

Diam. : 0m11.

41 — Quatre minuscules *lécythes*, pâte de verre bleue, blanche magnifiquement irisée et brune irisée.

Haut. : 0m03.

42 — *Amphorisque phénicien* à deux anses bleues, cannelures circulaires sur le goulot et imbrications sur la panse en pâte blanche. Intéressante pièce.

Haut. : 0m15.

43 — *Amphorisque phénicien* à deux anses bleues, pâte bleue, cannelures circulaire en pâte jaune sur le goulot et imbrications en pâte blanche sur la panse.

Haut. : 0m16.

44 — Beau petit *lécythe cylindrique* à anse large, cannelures verticales sur la panse. Superbe irisation multicolore.

Haut. : 0m08.

45 — Beau *flacon moulé* pomiforme, revêtu d'un réseau de losanges qui ressemblent à un grillage ou aux mailles d'un filet. Goulot en entonnoir orné de moulures. Belle irisation argentée.

Haut. : 0m09.

46 — *Bol* pâte verte-bleue, décor en relief. Irisé.

Haut. : 0m10.

47 — *Flacon long* à parfums, pâte jaune, anse formant arcade. Décor en relief sur la panse et le goulot.

Haut. : 0m21.

48 — *Flacon* cylindrique, belle irisation verte grenat multicolore.

Long. : 0m10.

49 — Magnifique petit *flacon*, goulot long et étroit, décor floral en relief sur la panse. Superbe irisation verte, bleu ciel, rouge et argentée. Très intéressante pièce de collection.

Haut. : 0m09.

50 — Beau *flacon* goulot étroit. Belle irisation verte, jaune, multicolore.

Haut. : 0m125.

51 — Beau *flacon* piriforme, cannelures verticales sur la panse, goulot évasé. Belle irisation nacre argentée.

Haut. : 0m12.

52 — Beau *flacon* pomiforme en forme de tête à double figure, finement irisé. Belle pièce.

Haut. : 0m08.

53 — *Lécythe* phénicien pâte verte, cannelures blanches, circulaires sur le goulot et en zigzags sur la panse. Traces d'irisation. Intéressante pièce.

Haut. : 0m15.

54 — Petit *flacon* bleu finement irisé. Belle pièce.

Haut. : 0m07.

55 — **MAGNIFIQUE GOURDE** verre épais, goulot long et évasé orné de moulures. Superbe et rare irisation rouge feu multicolore. Intéressante pièce de collection.

Haut. : 0m15.

56 — Charmante *bouteille sphérique*, goulot bien évasé, rare décor en relief floral et quadrilatéral. Magnifique et fine irisation verte, mauve, multicolore. Belle pièce de collection.

Haut. : 0m13.

57 — Beau *flacon moulé* piriforme, goulot évasé, pâte rouge grenat, cannelures circulaires et verticales en relief sur la panse. Superbe irisation multicolore.

Haut. : 0m10.

58 — Beau *flacon* pomiforme, goulot évasé. Magnifiquement irisé.

Haut. : 0m105.

59 — *Bouteille* piriforme, goulot bas et étroit. Belle irisation multicolore.

Haut. : 0m115.

60 — *Bouteille* pomiforme, tours de spirale en relief sur la panse. Superbe irisation multicolore.

Haut. : 0m09.

61 — *Bouteille* piriforme, goulot évasé. Belle irisation multicolore.

Haut. : 0m105.

62 — Magnifique *bouteille* pomiforme. Superbe irisation verte, mauve, multicolore.

Haut. : 0m105.

63 — *Flacon* pomiforme goulot bien évasé. Superbe irisation verte, bleue, mauve.

Haut. : 0m09.

64 — *Gobelet* arabe, belle irisation.

Haut. : 0m08.

65 — *Bol* magnifiquement irisé.

Haut. : 0m06 ; Diam. : 0m07.

66 — *Bol* superbement irisé.

Haut. : 0m055 ; Diam. : 0m066.

67 — *Flacon* pomiforme, goulot évasé. Superbe irisation.

Haut. : 0m095.

68 — *Flacon* pomiforme, goulot bien évasé. Superbement irisé.

Haut. : 0m08.

69 — Charmant petit *flacon* phénicien pâte bleue, dessins circulaires en pâte blanche. Irisation argentée.

Haut. : 0m075.

70 — Petit et beau *flacon* piriforme. Magnifiquement irisé.

Haut. : 0m06.

71 — Magnifique et fine *coupe* côtelée. Superbe irisation verte, multicolore.

Diam. : 0m12.

72 — Grand *lécythe* pomiforme, goulot évasé. Irisation multicolore.

Haut. : 0m16.

73 — *Flacon* cylindrique long, goulot évasé. Irisé.

Haut. : 0m20.

74 — Beau *flacon* cylindrique. Belle irisation argentée.

Haut. : 0m115.

75 — *Lécythe*, goulot trilobé. Bien irisé.

Haut. : 0m17.

76 — *Bouteille* pomiforme, goulot évasé, décor floral et quadrilatéral en relief. Belle irisation verte, mauve, multicolore.

Haut. : 0m11.

77 — *Bol* pomiforme, belle irisation multicolore.

Haut. : 0m05. Diam. : 0m06.

78 — Beau *flacon* pomiforme, goulot bas bien évasé, magnifique irisation verte, mauve, rouge feu.

Haut. : 0m08.

79 — *Flacon* piriforme, goulot long et étroit. Belle irisation multicolore.

Haut. : 0m15.

80 — Petit *flacon* cylindrique, cannelures verticales sur la panse. Belle irisation argentée.

Haut. : 0m08.

81 — *Flacon* pomiforme, goulot long et évasé. Belle irisation multicolore.

Haut. : 0m10.

82 — Petit *vase sphérique* à deux anses bleues, verre grenat. Irisé.

Haut. : 0m07.

83 — *Flacon* pomiforme, goulot bas et large. Irisation multicolore.

Haut. : 0m06.

84 — Petit *flacon* piriforme, goulot évasé. Irisation multicolore.

Haut. : 0m06.

85 — Charmant petit *flacon* piriforme, goulot long, étroit et évasé. Très belle irisation multicolore.

Haut. : 0m07.

86 — *Flacon* pomiforme, cannelures verticales sur la panse. Belle irisation multicolore.

Haut. : 0m07.

87 — *Bouteille* piriforme, goulot évasé. Belle irisation multicolore.

Haut. : 0m10.

88 — *Flacon* pointu à parfum. Bien irisé.

Haut. : 0m27.

89 — Grand *flacon*, goulot large et évasé, cannelures verticales sur la panse. Irisé.

Haut. : 0m11.

90 — Deux *verres* irisés : flacon pomiforme et gobelet.

Haut. : 0m09.

91 — Deux *bouteilles* pomiformes irisées.

Haut. : 0m09 et 0m11.

92 — Grande *coupe* côtelée. Irisation argentée.

93 — Trois *verres* irisés : flacons-jumeaux à deux anses, petit flacon pomiforme bleu et flacon long.

93 *bis* — Deux *flacons* pomiformes.

94 — *Œnochoé* jaunâtre à anse verte, goulot trilobé. Irisée.

Haut : 0m14.

94 *bis* — Trois verres irisés : *flacons-jumeaux* et deux *flacons*.

95 — *Flacon* pomiforme, cannelures circulaires sur la panse et tour de spirale en relief sur le goulot. Belle irisation multicolore.

Haut. : 0m08.

96 — *Bouteille* pomiforme, goulot peu évasé. Belle irisation argentée multicolare.

Haut. : 0m11.

97 — Deux *verres* grenat, *vase* à plusieurs anses et *flacon*, cannelures circulaires sur la panse, goulot évasé.

Haut. 0m07 et 0m11.

98 — Grand *collier*, perles asso.ties en pâte de verre et terre cuite émaillée.

98 *bis* — Trente *pierres dures* assorties.

99 — Grand *collier*, perles assorties mosaïques polychromes.

100 — *Collier*, perles en agate et jaspe.

101 — *Collier*, perles assorties en cornaline.

102 — Grand *collier*, perles assorties en pâte de verre et pierre dure et tendre.

103 — Grand *collier*, petites perles assorties en pâte de verre, terre cuite émaillée et pierre dure et tendre.

104 — Deux *colliers* : l'un, perles assorties en agate et cornaline et l'autre, petites perles rondes en pierre rouge et verte.

ANTIQUITÉS

DE SYRIE, GRÈCE ET ÉGYPTE

105 — *Statuettes-jumelles* romaines, terre cuite.

105 *bis* — Deux *cylindres* de Syrie.

106 — *Œnochoé* romaine à anse, terre cuite émaillée noire.

106 *bis* — *Bol* romain, terre cuite rouge.

107 — *Coupe* à deux anses peinte, de Corinthe, décor sujets animaux.

108 — *Tête de roi*, basalte noir. Trouvée à Fayoum.

109 — *Fragment de bas-relief grec* représentant Bacchante, marbre.

110 — *Pied* de guerrier romain, grandeur naturelle, marbre.

111 — *Fragment de bas-relief égyptien*, décor sujets épervier et inscription, pierre.

112 — *Bas-relief assyrien*, décor sujets : Le Roi et la Reine et inscription, marbre.

113 — Trois *aryballes* peints corinthiens, grand et deux petits.

114 — Charmant *cratère* albâtre. Trouvé en Egypte.

115 — Huit petites *têtes* en terre cuite.

115 *bis* — Trois petites pièces ; *Pied*, bronze, *Pied* et *Cochon*, terre cuite.

116 — Deux petites *têtes*, égyptienne en bois, et romaine en marbre.

117 — Trois terres cuites grecques : *Rhyton* et deux *Fragments de statuettes.*

118 — Trois pièces : *Buste* en pierre, *Petits lutteurs* en albâtre et *tête d'animal* en terre cuite rouge.

118 *bis* — Six *monnaies anciennes* en argent.

119 — *La déesse Sokhit* à tête de chacal, assise, terre cuite émaillée verte.

120 — Deux petits bronzes : *Amour* et *Chat assis.*

121 — Deux petits bronzes : *La déesse Bastit* à tête de chat, vêtue d'une tunique collante et tenant dans sa main gauche serrée contre sa poitrine une égide de Sokhit, et *Amour.*

122 — *Isis* assise, granit vert.

123 — Trois petits bronzes : *Deux éperviers* et *tête.*

124 — *Grenouille*, pâte de verre.

125 — *Poids* égyptien, terre cuite.

125 *bis* — Quatorze pièces : *Cylindre, Camées, Cachets, Bagues*, etc.

126 — Sept pièces : *Cinq tablettes* assyriennes en terre cuite et *deux inscriptions* sur bois et pierre tendre.

127 — *Bas-relief égyptien*, pierre calcaire. A droite, Horus debout, vêtu de la shenti, au milieu Osiris debout, et à gauche Isis debout. Inscriptions hiéroglyphiques. Encadré. (Voir planche).

0m55 sur 0m40.

128 — Petite *statue* en pierre, pleine de décors en relief. Provenant de fouilles de Syrie. (Voir planche).

Haut. : 0m70.

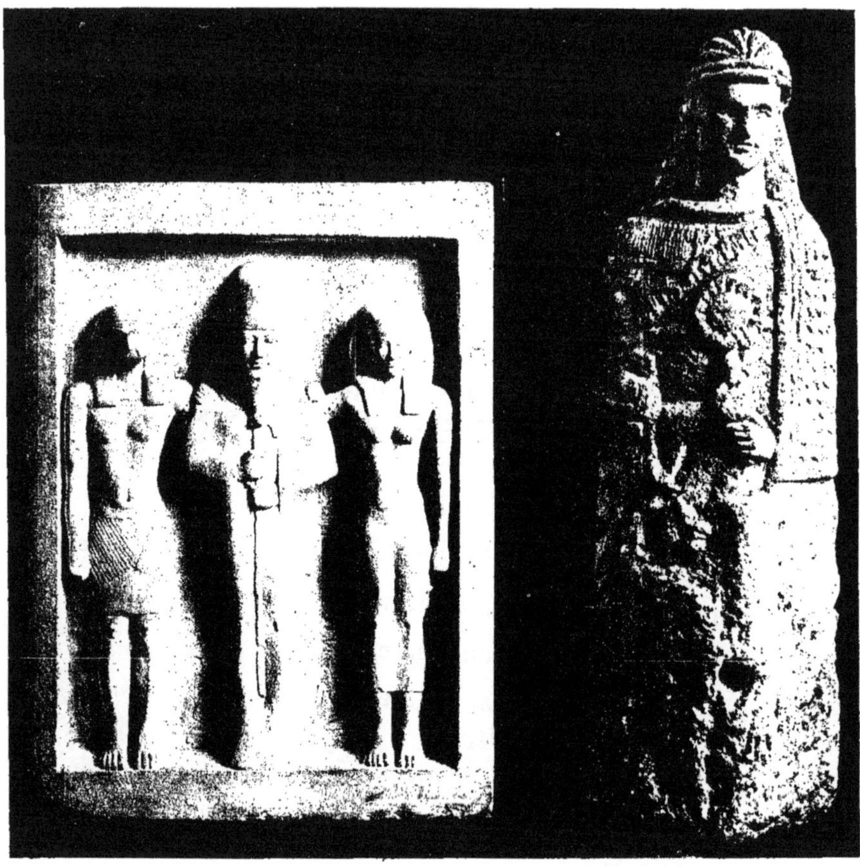

N° 127 N° 128

128 *bis* — Quatre terres cuites : Trois petits *Amours* et *Statuette archaïque*.

Haut. : 0^m00.

129 — Deux cartons *d'étoffes coptes*.

130 — *Statuette* d'homme, bronze.

Haut. : 0^m29.

131 — *Osiris* bronze.

132 — Grand *cratère* peint, beaux dessins rouges, sujets personnages sur fond noir.

Haut. : 0^m29.

132 *bis* — Grand *cratère* peint, beaux dessins rouges sujets personnages sur fond noir.

Haut. : 0^m29.

133 — Grand *Skyphos* peint, dessins rouges, sujets figures sur fond noir.

Haut. : 0^m21.

134 — Trois pièces : Deux *coupes à pied* émaillées noir et petite *Hydrie* peinte, dessins rouges sur fond noir.

135 — Trois vases : *Aryballe* peint, dessin noir, sujet cavalier sur fond rouge, *gourde*, dessins noirs en relief et *flacon* peint, dessins blancs sur fond noir.

136 — Deux vases peints : *Œnochoé*, dessins blancs et rouges, sujets personnages sur fond noir et *aryballe athénien*, dessins rouges, sujets personnages sur fond noir.

137 — Trois vases corinthiens : deux petits *aryballes* peints, dessins noirs, sujets sphinx et personnages sur fond chamois et *vase* chamois forme fleur.

138 — Belle *tête d'Esculape*, grandeur naturelle, marbre grec.

Haut. : 0^m29.

139 — Quatre terres cuites : deux *statuettes*, *masque* et *animal*.

140 — Deux *figurines* drapées, terre cuite.

141 — Deux appliques : *têtes de lions*, bronze.

142 — Deux vases préhistoriques en albâtre : *Stamnos* et *gobelet*.

143 — Deux bronzes : *Bœuf apis* et *tête de lion*.

144 — Trois bronzes égyptiens : *Osiris* debout, *Shou* assis et *Horus* accroupi.

145 — Trois bronzes romains : *anse*, tête de bélier ; *pied de vase*, sujet amour et *buste d'homme barbu*.

145 *bis* — Grande *Hydrie* peinte, dessins rouges, sujets personnages sur fond noir.

Haut. : 0m31.

146 — Grande *tête de l'empereur Andrianus*, marbre.

Haut. : 0m47.

146 *bis* — Quatre *têtes romaines*, terre cuite.

147 — *Statuette archaïque*, femme assise tenant sur ses genoux un lion ; terre cuite trouvée à Thèbes.

147 *bis* — Trois *statuettes* terre cuite : le dieu Pan, Rhyton et Archaïque.

148 — Trois *masques* : deux masques en terre cuite et un en pierre.

148 *bis* — *Six lampes romaines* dont une à neuf becs et trois à décor en relief, sujets personnages.

149 — Six *pièces* : Trois cachets plâtre, tête de femme tête d'oiseau pierre et sphinx terre cuite.

149 *bis* — *Statuette* de femme drapée.

150 — Trois pièces : *Deux statuettes* bronze et petit *torse* granit noir.

150 *bis* — *Carton* d'étoffes coptes.

151 — *Fragment de bas-relief* peint, sujet figure, pierre tendre.

152 — *Fragment de bas-relief* peint.

151 *bis* — Cinq bronzes : deux *anses* et trois *statuettes*.

152 *bis* — *Lampe* romaine bronze, monture moderne.

153 — Belle *statuette de femme assise*. Elle est vêtue du pschent, la drapant des chevilles jusqu'à mi-corps et adossée à un siège terminé à la base par un socle de la même matière, bazalte noir. Haute Egypte.

Haut. : 0m37.

153 *bis* — Lot de *monnaies anciennes* et *différents bibelots*.

PLATS & PLAQUES DE REVÊTEMENT

DE DAMAS ET DE RHODES

154 — Magnifique *panneau* de quatre plaques de revêtement de *Damas*, décor polychrome.

Dim. : 0m68 sur 0m68.

155 — *Plat* de *Damas*, décor noir sur fond bleu.

155 *bis* — *Gobelet* de *Damas*.

156 — *Plat* de *Damas*, décor noir sur fond bleu.

156 *bis* — *Plat* de *Damas*, décor noir sur fond bleu.

157 — *Plat* de *Rhodes*, décor polychrome, fleurs et feuillage, sur fond blanc.

158 — *Plat* de *Rhodes*, décor polychrome, fleurs et feuillage sur fond blanc.

158 *bis* — *Plat* de *Rhodes*, décor polychrome mosaïque.

159 — *Plat* de *Rhôdes*, décor polychrome, fleurs et feuillage sur fond blanc.

159 *bis* — *Plat* de *Rhodes*, décor polychrome, fleurs et feuillage sur fond blanc.

FAIENCES DE FOUILLES DE SYRIE

XIIIe ET XIVe SIÈCLE

160 — *Vase* à anse faïence *Rakka*, goulot trilobé, turquoise irisé.

161 — *Chandelier Rakka* à reflets métalliques, beau décor et inscription coufique. Intéressante pièce.

Haut. : 0m30.

162 — *Vase* à anse *Rakka*, décor noir sur fond turquoise irisé.

163 — *Vase Rakka*, décor noir sur fond turquoise, avec belles irisations.

164 — Petite *lampe* à anse *Rakka* turquoise. Bien irisé.

165 — Grand *plat Rakka*, décor vert sur fond crème. Bien irisé.

Diam. : 0m36.

166 — Grand *bol Rakka* à reflets métalliques.

167 — *Vase Rakka*, décor noir sur fond turquoise irisé.

Haut. : 0m23.

168 — *Vase Rakka*, décor noir sur fond turquoise irisé.

Haut. : 0m31.

169 — *Vase Rakka* turquoise, décor en relief.

Haut. : 0m34.

170 — *Vase Rakka* à reflets métalliques.

Haut. : 0m31.

171 — *Vase Rakka*, décor noir sur fond crème, irisé.

172 — *Œnochoé* à anse *Rakka*, décor bleu sur fond crème. Bien irisé.

173 — *Œnochoé Rakka*. Bien irisé.

174 — *Vase* à anse *Rakka*, turquoise irisé.

175 — *Vase* à anse *Rakka*, turquoise irisé.

176 — Grande *cuvette* à anse *Rakka*, turquoise irisé, décor en relief.

Haut. : 0m21 ; Diam. : 0m29.

177 — *Bol Rakka*, décor noir sur fond turquoise avec belles irisations.

178 — Trois petits *vases Rakka*, deux turquoise et un décor noir sur fond turquoise irisé.

179 — Deux faïences *Rakka*, *vase* et *bougeoir*.

180 — Deux *porte-monnaies Rakka*, crème et à décor noir sur turquoise.

181 — *Plat Rakka* a reflets métalliques.

182 — Trois petits *bols* : deux à reflets métalliques et un à décor bleu sur fond crème irisé.

183 — Trois petites *lampes* turquoise, irisées.

184 — Deux *vases* à anses, décor vert sur fond crème. Bien irisés.

185 — Deux *vases* vert turquoise.

186 — *Vase* à anse, crème irisé.

187 — Deux *bols* bleuâtre et turquoise, irisés.

188 — *Brebis*, faïence Rakka à reflets métalliques.

189 — Deux *bols* à reflets métalliques et à à décor noir sur fond turquoise, irisés.

190 — *Œnochoé* à anse turquoise, irisée.

191 — *Œnochoé* à anse turquoise, irisée.

192 — Grand *vase* à deux anses *Rakka*, bleu turquoise.

Haut. : 0m48.

193 — Grand *vase* à trois anses *Rakka*, bleu turquoise.

Haut. : 0m50.

194 — *Vase Rakka* turquoise irisé.

195 — Magnifique *vase Rakka* turquoise, décor en relief : fleurs de lis.

VASES ÉMAILLÉS DE SYRIE

XVIe SIÈCLE

196 — Magnifique *vase* à trois anses turquoise.

197 — Très beau *vase* à deux anses pourpre foncé.

198 — Très beau *vase* à quatre petites anses, pourpre foncé.

199 — Très beau *vase* à deux anses turquoise.

199 *bis* — Deux *vases* turquoise.

FAIENCES DE FOUILLES DE PERSE

XIIIe ET XIVe SIÈCLES

200 — Deux petits *vases*, décor noir sur fond turquoise irisé.

201 — Deux petites pièces: *bol* turquoise et *porte-monnaie*, décor noir sur fond turquoise.

202 — Trois pièces: deux *étoiles* à reflets métalliques et *fond de bol Arag*, décor sujet animal et fleurs.

203 — Trois pièces: *animal* et *vase* en terre cuite et *brûle-parfum* turquoise.

204 — Cinq *fonds de bols*, deux décor sujets animaux, deux sujets oiseaux et un à dessins.

205 — Deux petites faïences turquoise: *vase* et *lampe*.

206 — Deux petits *vases* bleu et crème irisés.

207 — *Bol*, décor bleu et noir sur fond crème bien irisé.

208 — *Bol Rhagès*, décor polychrome, sujets dix personnages et inscription coufique.

209 — *Vase* à anse mauve clair, décor gravé.

210 — *Vase* à anse, rayures bleues sur fond blanc irisé.

211 — *Bol* à jour blanc.

211 *bis* — *Bol* à jour verdâtre.

212 — *Bol Guébry*, décor noir et marron sur fond crème.

213 — Lot de six petites faïences : *bols*, *vases*, etc.

214 — *Bol* bleu.

215 — Grande *œnochoé* à anse, décor vert sur fond noir.

216 — Beau *vase* à anse turquoise, cannelures verticales sur la panse.

217 — Magnifique *bol Arag*, décor bleu et noir sur fond crème irisé. Intéressante pièce de collection.

217 *bis* — *Vase* à deux anses *Sultanabad* bleu bien irisé. Belle pièce décorative.

218 — Deux *bols*, l'un à décor noir et bleu sur fond blanc irisé et l'autre à décor marron et gravé.

218 *bis* — Grand *bol* blanc, décor bleu.

219 — Quatre pièces : *bol* à reflets métalliques et trois *fonds de bols*.

219 *bis* — Trois pièces : deux *vases* terre cuite et autre marron.

220 — Deux petits *bols* bleu d'outremer.

221 — Petit *bol* bicolore à reflets métalliques.

222 — Deux pièces : *vase* et *bol Guébry*, décor vert sur fond crème.

223 — Deux petits *bols*, un à rayures bleues et noires sur fond crème et un à décor polychrome.

224 — Deux *bols* : un profond crème et un *Guébry* à décor vert sur crème.

225 — *Bol* crème décor gravé et trois rayures bleues.

226 — Deux *bols Guébry*, un vert et un à décor vert et marron sur fond crème.

227 — Deux *bols* turquoise.

228 — *Bol* bleu foncé décor gravé.

229 — *Bol* marron.

230 — *Plat* turquoise, décor en relief, sujets trois poissons.

231 — *Vase à anse*, décor noir sur fond turquoise avec belles irisations.

232 — *Œnochoé à anse*, goulot trilobé, verte turquoise.

233 — Trois petits *vases*, un turquoise et deux à décor noir sur fond turquoise. Irisé.

234 — Deux faïences turquoise: *Soucoupe* et *porte-bouquets* à quatre goulots.

235 — Trois faïences bleu foncé irisé: *Vase à anse*, *encrier* et *lampe à anse*.

236 — Deux faïences bleu foncé irisé: *Statuette* et *vase à anse*.

237 — *Bol Rey*, décor noir et bleu sur fond blanc. Bien irisé.

238 — *Bol Guébry*, décor vert sur crème.

239 — Grand *bol Guébry*, décor gravé et marron sur fond crème.

240 — Petit *plat* verdâtre, deux poissons en relief.

241 — Deux petits *plats*, un bleu foncé et un *Guébry*, décor noir sur fond crème.

242 — Trois faïences turquoises, deux petits *bols* à décor noir et relief, et petit *vase*.

243 — Deux petits *vases* à reflets métalliques.

244 — Trois petits *vases* turquoise. Irisé.

245 — Petit *vase* à anse *Guébry*, rare décor noir, sujets trois personnages assis et inscriptions persane et coufique.

246 — *Lanterne Guébry*, émaillée verte, décor gravé.

247 — Magnifique *bol Rhagès*, décor polychrome, sujets deux personnages assis, deux chameaux et fleurs, personnage debout. deux oiseaux et inscriptions coufiques. Pièce intéressante de collection assez bien conservée.

248 — Rare et magnifique *bol Rhagès*, décor noir et doré, inscription coufique et beaux dessins sur fond turquoise, avec superbes irisations, à l'extérieur inscription arabique. Très intéressante pièce de collection.

249 — *Plat* tricolore *Rey*.

250 — Petit *bol Rey*, décor noir et bleu et inscription arabique sur fond blanc irisé.

251 — *Bol Rey*, décor noir et bleu et inscriptions arabique et coufique sur fond crème.

252 — *Bol* à reflets métalliques, décor sujet six cavaliers et inscription coufique.

253 — Trois *vases*, deux à anses crème et un turquoise.

254 — Trois petits *vases* turquoise.

255 — *Étoile* octogone, décor en relief, sujets deux cerfs et inscription arabique.

256 — *Bol Guébry*, décor vert sur fond crème.

257 — *Vase Guébry* vert irisé, goulot métal.

258 — Grande et belle *théière à anse* turquoise, beau décor en relief.

259 — *Vase à anse*, décor vert sur fond noir.

260 — Belle *carafe* à reflets métalliques, décor en relief, sujet six personnages.

261 — Magnifique *aiguière* turquoise, le goulot tête de coq, décor en relief sur la panse.

262 — *Œnochoé* à anse à reflets métalliques, décor inscriptions arabiques.

263 — *Bol* turquoise, à l'extérieur décor en relief.

264 — *Bol Guébry* décor vert et marron sur fond crème.

265 — Petit *plat* bleu foncé.

266 — Beau *bol* turquoise.

267 — *Bol* bicolore à reflets métalliques, décor sujets deux oiseaux.

268 — Beau *vase* à anse turquoise, décor gravé.

269 — Grand *plat* verdâtre, inscription coufique en relief.

270 — *Magnifique plat* Rey, décor rayures bleues et inscription arabique sur fond blanc. Superbement irisé.

271 — *Vase à anse* Guébry à reflets métalliques, décor dessins et inscription coufique.

272 — *Vase à anse*, décor vert et inscription coufique sur fond noir.

273 — Petit *bol* à reflets métalliques.

274 — Beau et grand *bol*, décor vert sur fond noir.

275 — *Bol* Rey bleu à reflets métalliques.

276 — Grand *bol* Rey, beau décor noir et inscription coufique sur fond vert turquoise; à l'extérieur, dessins et oiseaux.

277 — *Aiguière* Guébry verte, forme intéressante.

278 — Petit *plat* à reflets métalliques, décor sujets deux personnages.

279 — *Bol* octogone et profond turquoise; à l'extérieur, décor en relief sujets animaux et cavaliers.

280 — *Magnifique théière* turquoise, goulot très large, décor sujets personnages et oiseaux en relief. Très intéressante et rare pièce.

281 — *Bol* Rey, décor vert et inscription arabique sur fond noir.

282 — *Vase* Guébry, rayures noires sur fond orange.

283 — Beau *vase* à anse terre cuite, décor en relief, inscription coufique.

284 — Beau *bol* Rey, décor noir et bleu et inscription arabique sur fond crème. Bien irisé.

285 — Grand *plat* bicolore à reflets métalliques. décor sujets deux personnages.

286 — *Bol* crème, décor quatre rayures bleues.

287 — *Bol* à reflets métalliques, décor sujets personnage, six cavaliers et inscription coufique.

288 — Deux *étoiles* octogones à reflets métalliques, décor en relief sujets oiseaux et inscriptions arabiques.

289 — Deux *étoiles* octogones, turquoise et bleu, foncé. Superbement irisée.

290 — Deux *étoiles* octogones, une bleu foncé à décor en relief fleurs et dorures et une à reflets métalliques, décor en relief sujets oiseaux et inscriptions arabiques.

291 — *Bol* profond turquoise, à l'extérieur, décor en relief.

292 — *Vase* hexagone turquoise, décor en relief.

MINIATURES & MANUSCRITS

ENLUMINÉS

LAQUES ET COFFRETS

293 — *Miniature indo-persane* du XVIIe siècle : Le roi avec son chambellan interpellent deux personnes.

294 — *Miniature indo-persane* du XVIIe siècle : Deux princesses présentant une requête au roi et à la reine.

295 — *Miniature indo-persane* du XVIIe siècle : Une femme présentant un collier à la reine assise sur le trône.

296 — *Miniature indo-persane* du XVIIe siècle : Amoureuse d'un paysan monté sur un arbre.

297 — *Miniature persane* : Un père caressant son fils.

298 — *Miniature indo-persane* du XVIe siècle : Bouddha à quatre têtes et deux femmes lui présentant des offrandes.

299 — *Miniature indo-persane* du XVIIe siècle : Ermite devant sa grotte. A ses pieds, un paon qui se promène.

300 — *Miniature indo-persane* du XVIIe siècle : Joueuse de flute devant deux personnages.

301 — *Miniature indo-persane* du XVIIe siècle : Musicienne ambulante.

302 — *Miniature indo-persane* du XVIIe siècle : Princesse nourrissant deux cigognes.

303 — *Miniature persane* : Deux chasseurs. Encadrée.

304 — *Miniature persane* ancienne polychrome. Encadrée.

305 — *Miniature persane* : Fleurs. Encadrée.

306 — *Miniature persane* : Duel de cavaliers. Encadrée.

307 — *Manuscrit persan* avec *sept miniatures.* Reliure en cuir vert.

308 — *Manuscrit persan* avec un *frontispice* et *sept miniatures*. Reliure en cuir.

309 — *Manuscrit persan* du XVIIIe siècle avec un frontispice et sept miniatures. Reliure en cuir.

310 — Grande *boîte à miroir* laque de Perse, décor polychrome personnage et feuillage.

311 — *Plumier* en laque de Perse, personnages et animaux.

311 *bis* — *Plumier* en laque de Perse, personnages et fleurs

312 — *Coffret* et *fragments de coffrets* bois sculpté.

313 — *Coffret* bois sculpté.

314 — *Manuscrit hébraïque.*

315 — Lot de plusieurs feuilles de *manuscrits hébraïques.*

316 — *Cadre persan*, bois incrusté ivoire et dorure.

317 — *Cadre persan* laque, dessin polychrome.

318 — *Cadre persan* carré, laque.

319 — Deux *cadres persans* laque.

320 — *Cadre persan.*

321 — *Miniature persane*: Personnages à la prairie.

322 — *Miniature persane* : Une princesse sur le trône et sa dame de compagnie.

323 — *Grand cadre* couvert de velours rouge, brodé fil doré, argenté et de perles.

324 — *Deux cadres* couverts de velours.

BRONZES DE PERSE

325 — Deux pièces : *vase* et *lampe* à pied.

326 — *Bol*, inscription arabique à l'extérieur.

327 — *Lion.*

328 — *Coupe*, décor ciselé, inscription arabique.

IMAGES BYZANTINES GRECQUES

329 — Petite *image* polychrome de saint Bartholomée. Encadrée.

0m24 sur 0m21.

330 — *Image* polychrome de sainte Marie avec Jésus-Christ.

0m32 sur 0m24.

331 — *Image* polychrome de sainte Marie avec Jésus-Christ.

0m34 sur 0m25.

332 — Petite *image* polychrome de saint Antoine.
0m28 sur 0m22.

333 — *Image* polychrome de sainte Marie avec Jésus-Christ et deux saints.
0m51 sur 0m35.

334 — *Image* polychrome de sainte Marie avec Jésus-Christ.
0m38 sur 0m30.

335 — *Image* polychrome de sainte Marie avec Jésus-Christ.
0m32 sur 0m24.

336 — *Image* de Jésus-Christ.
0m42 sur 0m34.

337 — *Image* polychrome de Jésus-Christ.
0m53 sur 0m42.

338 — *Image* polychrome de saint Nicolas.
0m56 sur 0m42.

339 — *Image* polychrome de Jésus-Christ avant d'être crucifié.
0m40 sur 0m31.

PLATS, VASES ET POTICHES

340 — Grand *plat* profond *Goubatchi*, décor bleu, sujet coq, fleurs et oiseaux sur fond blanc.

341 — Deux *vases* émaillés de *Perse*.

342 — Deux *vases* émaillés de *Perse*.

342 *bis* — Deux *vases* émaillés de *Perse*.

343 — Deux *vases* émaillés de *Perse*.

343 *bis* — Grande *plaque de revêtement*, personnage, fond rose.

344 — *Plat Cachan*, décor bleu, oiseau, sur fond blanc.

344 *bis* — *Plaque de revêtement*, cavalier en relief.

345 — *Plat Boukhara*, décor bleu sur fond blanc.

345 *bis* — *Potiche Cachan*, cavalier en relief.

346 — Deux *gourdes* verte et polychrome de *Kutaiah*.

346 *bis* — Deux pièces : *bol* et *vase* de *Kutaiah*.

347 — Petite *potiche*, décor noir sur fond turquoise.

348 — Petite *potiche*, décor noir sur fond turquoise.

349 — Grande *potiche*, décor noir sur fond turquoise.

350 — Grande *potiche*, décor noir sur fond turquoise.

351 — Deux *lampes Boukhara*, décor noir sur fond turquoise.

352 — Quatre petits *vases* et *potiches*.

353 — Grande et belle *potiche*, décor bleu, oiseaux et fleurs sur fond crème.

Haut. : 0m32.

354 — Grande et belle *potiche*, décor bleu, oiseaux et fleurs sur fond crème.

Haut.: 0m28.

355 — Grande et belle *potiche*, décor bleu, feuillage, sur fond crème.

Haut. : 0m29.

356 — Belle *potiche*, décor bleu, châteaux, sur fond crème.

Haut.: 0m27.

357 — *Potiche*, décor gris en relief, sujets fleurs et animaux sur fond blanc.

358 — Deux *vases*, décor polychrome.

359 — Deux *assiettes*, décor noir, oiseaux, sur fond turquoise.

360 — Deux *potiches Samarkande* (Turkestan), décor bleu sur fond blanc.

361 — Deux petites *potiches*, décor bleu sur fond crème.

362 — *Potiche*, décor bleu et noir sur crème.

363 — *Potiche*, décor noir sur crème.

364 — Petite *potiche*, décor noir et bleu sur crème.

365 — Deux petites *potiches*, décor bleu sur fond crème.

365 *bis* — Quatre pièces : deux *vases à parfums*, *lampe* et *chandelier*.

TAPIS DE PERSE ET D'ORIENT

366 — Beau *tapis de galerie* persan fond jaune, trois bordures étroites fond bleu et bordure large fond rouge.

2^{m}96 sur 1^{m}18.

367 — *Tapis Ferahan* fond bleu, deux bordures étroites fond bleu, autre étroite fond rouge et bordure large fond blanc.

1^{m}86 sur 1^{m}20.

368 — *Tapis Chiraz* fond bleu foncé, trois médaillons fond blanc, trois bordures étroites fond rouge et bleu et bordure large fond jaune.

1^{m}80 sur 1^{m}27.

369 — *Tapis de prière Milas*, fond rouge.

[illegible] sur 1^{m}25.

370 — *Tapis Schirvan* fond bleu, six losanges, bordure fond jaune.

2m sur 0m95.

371 — *Tapis* ancien *Schirvan*, fond blanc, dessins archaïques, cinq médaillons, quatre bordures.

1m70 sur 1m.

372 — *Tapis* ancien *Boukhara*, fond rubis.

373 — Deux *portières de tapis de Karamanie.*

374 — Petit *tapis* de canapé *Boukhara*, fond rouge.

374 *bis* — Deux *coussins de tapis de Chiraz*, dessin polychrome.

375 — *Tapis du Caucase*, fond marron, bordures claires.

1m38 sur 1m10.

376 — *Tapis du Caucase*, fond bleu, petits losanges, bordure claire.

1m60 sur 1m05.

377 — *Tapis Schirvan*, fond vieux bleu, joli cadre.

1m41 sur 1m07.

378 — *Tapis Khorassan*, fond corail petits motifs, bordure verte.

1m88 sur 1m08.

379 — *Tapis Schirvan*, fond bleu, trois beaux losanges, bordure or et corail.

1m70 sur 1m05.

380 — *Tapis Schirvan*, fond bleu, croix crème, bordure crème.

1m69 sur 0m90.

381 — *Tapis de prière*, fond rose passé, bordure claire.

1m68 sur m90.

382 — *Tapis du Caucase* très fin, fond bleu, trois losanges, bordure fauve.

1m88 sur 1m08.

383 — *Tapis du Caucase très fin*, fond bleu couvert, grands motifs corail, bordure claire.

1m95 sur 1m06.

384 — *Tapis du Caucase fin*, petits motifs polychromes, bordure crème.

1m51 sur 1m10.

385 — *Tapis du Caucase*, fond vert, couvert motifs roses, bordure or.

1m95 sur 1m32.

386 — *Tapis du Caucase*, fond marron, couvert petits motifs et trois losanges, bordure claire. Belle pièce fine.

1m70 sur 1m19.

387 — *Tapis de prière Kouba*, quadrillé clair, bordure brique. Pièce tres fine.

1m45 sur 1m20.

388 — *Tapis Talich* fin, fond crème, petits motifs, plusieurs belles bordures.

1m50 sur 1m16.

389 — *Tapis Kouba*, fond bleu clair couvert petits motifs, trois losanges, bordure claire.

1m65 sur 1m20.

390 — *Tapis Talich*, fond bleu clair couvert fleurs polychromes, bordure claire. Belle pièce veloutée fine.

1m58 sur 1m02.

391 — *Tapis Senneh très fin*, fond bleu à belles palmettes or.

1m90 sur 1m20.

392 — *Tapis Kurdistan*, fond crème à palmettes fauves, bordure rose. Pièce très fine.

2m08 sur 1m30.

393 — *Tapis Senneh*, fond crème, médaillon bleu, bordure polychrome. Pièce très fine.

2m06 sur 1m31.

394 — *Grand tapis Kurdistan à double face*, fond couvert, dessin Ferahan. Belle et ancienne pièce très fine.

5m55 sur 2m50.

395 — *Tapis Kerman*, fond pâle, dessin fleurs et feuillage avec médaillon et angles.

396 — *Tapis Tabriz* fond rouge avec médaillon et angles. Belle bordure.

397 — *Tapis Ferahan*, fond bleu foncé, dessin palmettes et petits sujets.

398 — *Tapis de soie* fond rose, dessin Mosquée sur fond vert pâle, au milieu une lampe suspendue.

399 — *Tapis de prière Yordès*, dessin Mosquée sur fond rouge, belle bordure, au milieu une lampe suspendue.

400 — *Tapis de prière Yordès*, dessin Mosquée fond bleu.

401 — *Grand tapis de Smyrne*, dessin polychrome.

Environ 6 m. sur 5 m.

402 — *Tapis de prière en soie*, fond crème, médaillon forme croix avec angles.

403 — *Tapis de Ferahan*, fond rouge, dessin carrelage, bordure blanche.

3m80 sur 2m80.

404 — Deux petits *tapis* de canapé.

405 — *Tapis Arag.*

1m53 sur 1m10.

406 — *Tapis Hamedan*, fond rouge, médaillon bleu; trois bordures jaune et bleu.

1m75 sur 1m20.

407 — *Tapis Khorassan.*

3m26 sur 1m90.

408 — *Tapis Kurkeman*, trois médaillons.

2m75 sur 1m20.

409 — *Tapis Ghaîm*, fond bleu, bordure avec palmettes sur fond rouge.

410 — *Tapis Khorassan.*

4m sur 1m87.

411 — *Tapis Herate.*

5m30 sur 2m20.

412 — *Tapis Férahan*, dessin varié, souple et à reflets.

412 *bis* — *Tapis de prière*, dessin mosquée, fond brun, bordure polychrome, souple et à reflets.

413 — *Tapis de prière*, fond chocolat, dessin médaillon en forme de croix.

414 — Grand *tapis*, dessin polychrome.

414 *bis.* — Petit *tapis*, dessin mosaïque très fin sur fond bleu foncé.

415 — *Tapis*, dessin polychrome.

416 — Grand *tapis*, dessin polychrome.

416 *bis* — Beau *tapis*, dessin polychrome.

417 — Beau et grand *tapis*, dessin polychrome.

417 *bis* — *Carpette* fine de Chiraz.

417 *ter* — *Bande* longue de Turcomane.

SOIERIES, BRODERIES & VELOURS

418 — Beau *panneau* de Zari, brodé fil doré sur sur soie, dessin polychrome, fleurs. Bordure étroite, dessins fleurs et oiseaux sur fond doré et bordure large bleue.

1m80 sur 1m75.

419 — Beau *panneau* de Zari, fond rose, dessin polychrome, bordure bleue.

1m09 sur 0m85.

420 — *Panneau* de velours mauve, bordure velours.

1m55 sur 0m52.

421 — *Tapis de table* de Rescht, drap rouge brodé.

1m60 sur 1m15.

422 — Grand *panneau* de Rescht, dit Gouldouzi, drap brodé soie, dessin médaillons. Belle bordure.

423 — Deux *panneaux* de Rescht, drap finement bordure verte et noire.

5m25 sur 1m10.

424 — Grand *panneau* de Bouchara, toile blanche richement brodé de soie.

425 — *Panneau* de soierie, doublé de toile persane.

426 — Beau petit *panneau* de gilet persan, belle et fine broderie.

427 — Grand *panneau* brodé de fil grenat sur fond blanc.

428 — Sept broderies à jour blanches : *Dessus de table* et six *serviettes*.

428 *bis* — *Châle.*

OBJETS VARIÉS

429 — Deux *vases* de Chine, bronze.

430 — *Ceinture* en bronze avec émaux.

431 — *Vase* hispano-mauresque.

432 — Deux *vases* de pharmacie.

432 *bis* — Lot de vingt petites *lampes*, quatre *mortiers* et quinze fragments de *carreaux* de Perse.

433 — Fragments de *fresque*.

433 *bis* — *Perroquet*, terre-cuite émaillée polychrome.

434 — Objets omis.

www.ingramcontent.com/pod-product-compliance
Ingram Content Group UK Ltd.
Pitfield, Milton Keynes, MK11 3LW, UK
UKHW022148170726
13837UKWH00004B/1863